이 책은 우리 몸의 분비물을 재미있게 다루지만, 재밌게만 여겨서는 안 돼요.
우리 몸은 분비물을 통해 문제가 생겼다는 신호를 보내기도 하거든요.
책에 나오는 분비물이 너무 적거나 많으면 선생님이나 부모님,
주변의 어른들과 상의해야 해요.

안 나오면 큰일 나!
우리 몸의 분비물

라몬 카브레라 글　신타 아리바스 그림　문주선 옮김

라몬 카브레라 글

시나리오 작가로 글쓰기를 시작했습니다. 지금은 어린이와 청소년, 어른을 위한 소설과 그래픽 노블을 씁니다. 작업의 필수 요소로 유머를 꼽습니다. 스페인 판『새서미 스트리트』의 자막과 노래를 썼으며, 세계 18개 언어로 번역 수출된 어린이 애니메이션『나, 엘비스 리볼디』의 작가이기도 합니다. 쓴 책으로는『음식 도둑(국내 미출간)』,『돛을 펼쳐라!(국내 미출간)』등이 있습니다.

신타 아리바스 그림

그래픽 디자이너이자 일러스트레이터입니다. 손으로 하는 작업을 좋아해서 자신의 손 글씨로 서체를 만들기도 했습니다. 특유의 유머가 섞인 그림으로 삶은 언제나 재미있다는 걸 느끼게 합니다. 그린 책으로는『모두 다 싫어』,『잘 노는 숲속의 공주』등이 있습니다.

문주선 옮김

출판사에서 어린이책을 만들고 외국의 좋은 어린이책을 우리말로 번역합니다. 눈물과 콧물을 흘리면서, 똥과 오줌을 참아가면서 이 재미난 책을 옮겼습니다. 옮긴 책으로는『누가 나의 가족일까?』,『카피바라가 왔어요』,『지구를 지키는 아이 살바도르』등이 있습니다.

북극곰 궁금해 시리즈 20

안 나오면 큰일 나! 우리 몸의 분비물

2023년 12월 15일 초판 1쇄

글 라몬 카브레라 ‖ **그림** 신타 아리바스 ‖ **옮김** 문주선
편집 유순원, 김지선, 이루리 ‖ **디자인** 이향령, 양태종 ‖ **마케팅** 신유정, 정용수
펴낸이 이순영 ‖ **펴낸곳** 북극곰 ‖ **출판등록** 2009년 6월 25일 (제 300-2009-73호)
주소 서울시 마포구 독막로 320 B106호 북극곰 ‖ **전화** 02-359-5220 ∥ **팩스** 02-359-5221
이메일 bookgoodcome@gmail.com ‖ **홈페이지** www.bookgoodcome.com
ISBN 979-11-6588-300-3 77400 │ 979-11-89164-60-7 (세트)

Text and script copyright @ Ramon Cabrera, 2021
Illustrations copyright @ Cinta Arribas, 2021

First published in Spain by Editorial Flamboyant S.L.
under the title ¡Puaj! Cosas que salen de nuestro cuerpo y dan asco (o no)

Gross! My Lovely(or not) Yucky Stuff
by BookGoodCome Publishing Co.
This Korean Language Edition is published by arrangement with
Editorial Flamboyant
through The Agency Sosa

이 책의 한국어판 저작권은 에이전시 소사를 통해 Editorial Flamboyant 와의 독점 계약으로 북극곰 출판사에 있습니다.
저작권법에 의해 한국 내에서 보호를 받는 저작물이므로 무단 전재와 무단 복제를 금합니다.

제품명 : 도서 | 제조자명 : 북극곰 | 제조국명 : 대한민국 | 사용연령 : 3세 이상
주의! 책 모서리가 날카로우니, 던지거나 떨어뜨려 다치지 않도록 주의하세요.
잘못된 책은 구입한 곳에서 바꾸어 드립니다.

안 나오면 큰일 나!
우리 몸의 분비물

라몬 카브레라 글　신타 아리바스 그림　문주선 옮김

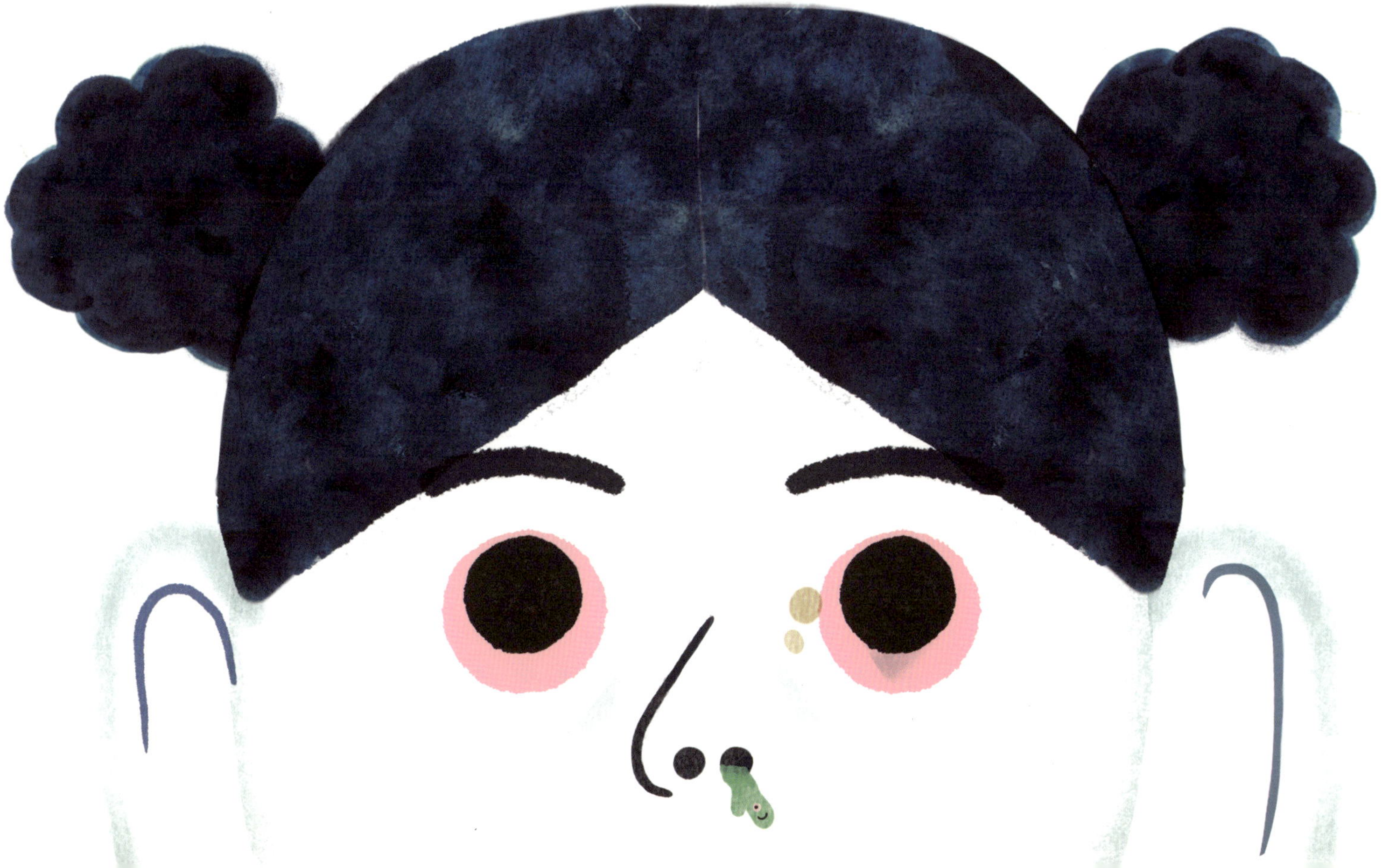

들썩들썩 뿡뿡 방귀

방귀.

우리는 방귀(의학적으로는 위창자 내 공기)라는 말만 들어도 웃음이 나요.

왜 그럴까요?
'검투사'라는 말은 듣고도 웃음이 나지 않는데,
'방귀'라는 말은 들을 때마다
왜 웃음이 터지는 걸까요?

방귀는 장에 모인 기체예요.
방귀를 뀌면 배 속이 편안해지지요.
방귀를 뀌는 건 그렇게 나쁘지 않아요.
이런 경우는 빼고요.

지금 날 사랑한다고
온 세상에 외치는 거야?

2015년 오스트레일리아에서 말레이시아 쿠알라룸푸르로 향하던 화물기가
비상 착륙을 하는 상황이 발생했어요. 화재경보기가 울렸기 때문인데요.
범인은 바로 2,186마리의 염소였어요.
염소들이 뀐 방귀 속 메탄가스 때문에 경보기가 울린 것이지요.

염소 승객 여러분께 알려드립니다.
여러분의 방귀로 기내에
유독 가스 수치가 상승했습니다.
저희 비행기는 곧 비상 착륙을 실시하겠습니다.

퀴즈

비행기에 탄 수많은 염소가
왜 동시에 방귀를 뀌었을까요?

1) 콘서트를 열기로 했기 때문이다.
2) 기내식이 상했기 때문이다.
3) 고도가 높아질수록 방귀를 많이 뀌기 때문이다.

11

똥 밟았네, 똥!
하하하!

똥은 마치 바나나 껍질 같아.
거름으로도 쓰이고
바닥으로 가는 입장권처럼
밟으면 발라당 미끄러지잖아.

똥은 우리를 웃게 만드는 또 다른 말이에요.
우연의 일치로 방귀처럼 냄새도 고약해요.

똥은 몸속에서 쓸모가 없거나 쓰고 남은
음식물 찌꺼기예요.

건강한 똥은 너무 무르지도 너무 딱딱하지도 않아요.

똥이 너무 딱딱하면 변비에 걸렸다고 하지요. 변비에 걸리면 똥이 나오는 데 시간이 오래 걸려요.

똥이 너무 무르면 설사가 난 거예요. 설사는 눈 깜짝할 사이에 주르륵 나와 버리고 말아요.

색깔은 대체로 밝은 갈색에서 어두운 갈색이지요.

세상 모두가 똥을 싸요.
많이 싸는 사람도 있고,
적게 싸는 사람도 있지요.
건강한 똥을 싸는 비결은
건강한 음식을 먹는 것이랍니다.

하루 종일 자극적인 음식을 먹으면
수돗물을 틀어 놓은 것처럼
똥이 줄줄 나올 거예요.

매운 음식 미워!

우르르 쾅쾅 꾸르르 쿵쿵

탄수화물만 먹는다면 똥을 누는 데
시간이 무척 오래 걸릴 거고요.

유적 발굴 현장에서 사람의 거대한 똥 화석이 발견된 사실을 알고 있나요?

이 똥은 전시 중에 세 조각으로 부서졌는데, 다행히 똥 전문가가 다시 잘 붙였다고 해요.

아무도 눈치 못 채겠지? 흐흐.

바이킹 똥 화석
9세기

* 그래요. 과장이 심했네요.
사실 이 똥 화석의 크기는 가로 20센티미터, 세로 5센티미터랍니다.

퀴즈

왜 어떤 똥은 물에 뜨고 어떤 똥은 가라앉나요?

1) 수영할 줄 아는 똥과 그렇지 못한 똥이 있기 때문이다.

2) 가스가 많이 포함된 똥과 그렇지 않은 똥이 있기 때문이다.

3) 물에 뜨는 똥은 물고기 똥이다.

짭짤 쫀득 맛있는 콧물

콧물은 부드럽고 유연한
콧속 **점액질**이에요.
코와 목에서 만들어지지요.

살려 주세요.
도와주세요.
나는 그저 불쌍한
콧물일 뿐이라고요.

콧물이 없다면
세균이나 먼지, 꽃가루 같은
외부 물질들이 폐에 바로 들어와
병을 일으킬 수도 있어요.

콧물을 우리 몸 밖으로 빼내려면 손가락이 필요해요.
사람을 제외하고 코를 파는 동물은 원숭이가 유일하지요.

콧물을 먹는 사람들도 있다는 거 알고 있나요?
콧물에는 입맛을 돋우는 무언가가 있어요.
어찌 보면 **짭짤하고 쫀득한** 곰 젤리 같지요.
그러니 누군가에게는 콧물도 맛있는 음식이랍니다.

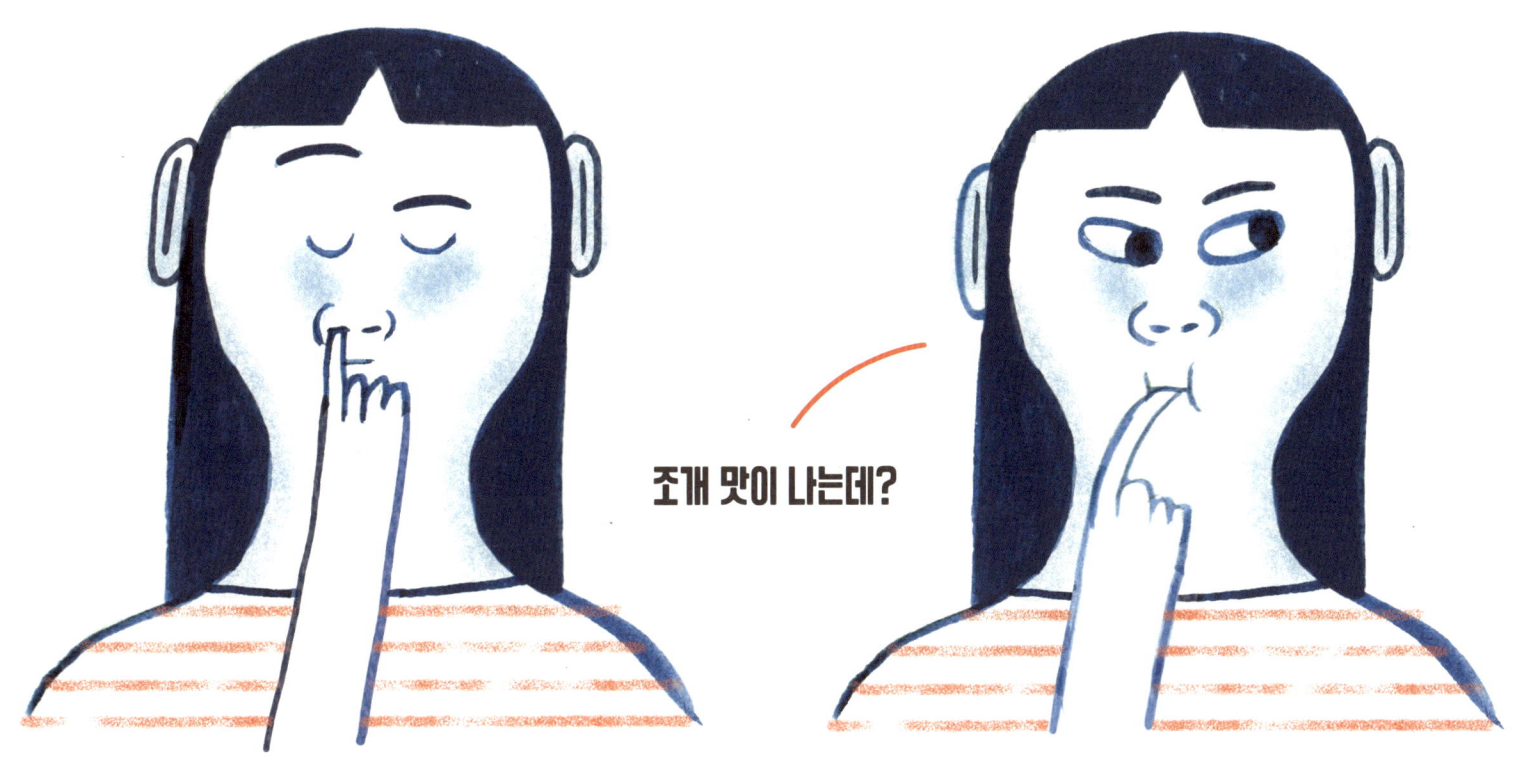

조개 맛이 나는데?

콧물을 몸 밖으로
내보내는 방법은 여러 가지예요.
그러니 먹을 필요가 없어요.
어떤 **방법**이 있냐고요?

1 재채기하기

재채기 한 번이면
우리 몸속에 있는 콧물을
내보낼 수 있어요.
물론 반드시 입을 가리고
해야겠지요.

2 공 던지기

콧물이나 코딱지를
동글동글 굴려
공을 만든 다음
멀리 던져요.

이 녹색은 뭐지?

피스타치오 아니야?

그건 주문한 적이 없는데.

3 슬쩍 묻히기
다른 사람이 보지 않을 때 슬쩍 묻혀요.

저기 좀 봐! 당나귀가 날고 있어!

어디 어디?

4 안 보이는 곳에 보관하기

가장 쉽고 효과적인 방법이에요. 학교 책상 아래에 붙이는 거죠.
어떤 책상들은 그야말로 진정한 코딱지 박물관입니다. 제대로 관람하고 따라 해 볼 만한 가치가 있지요.

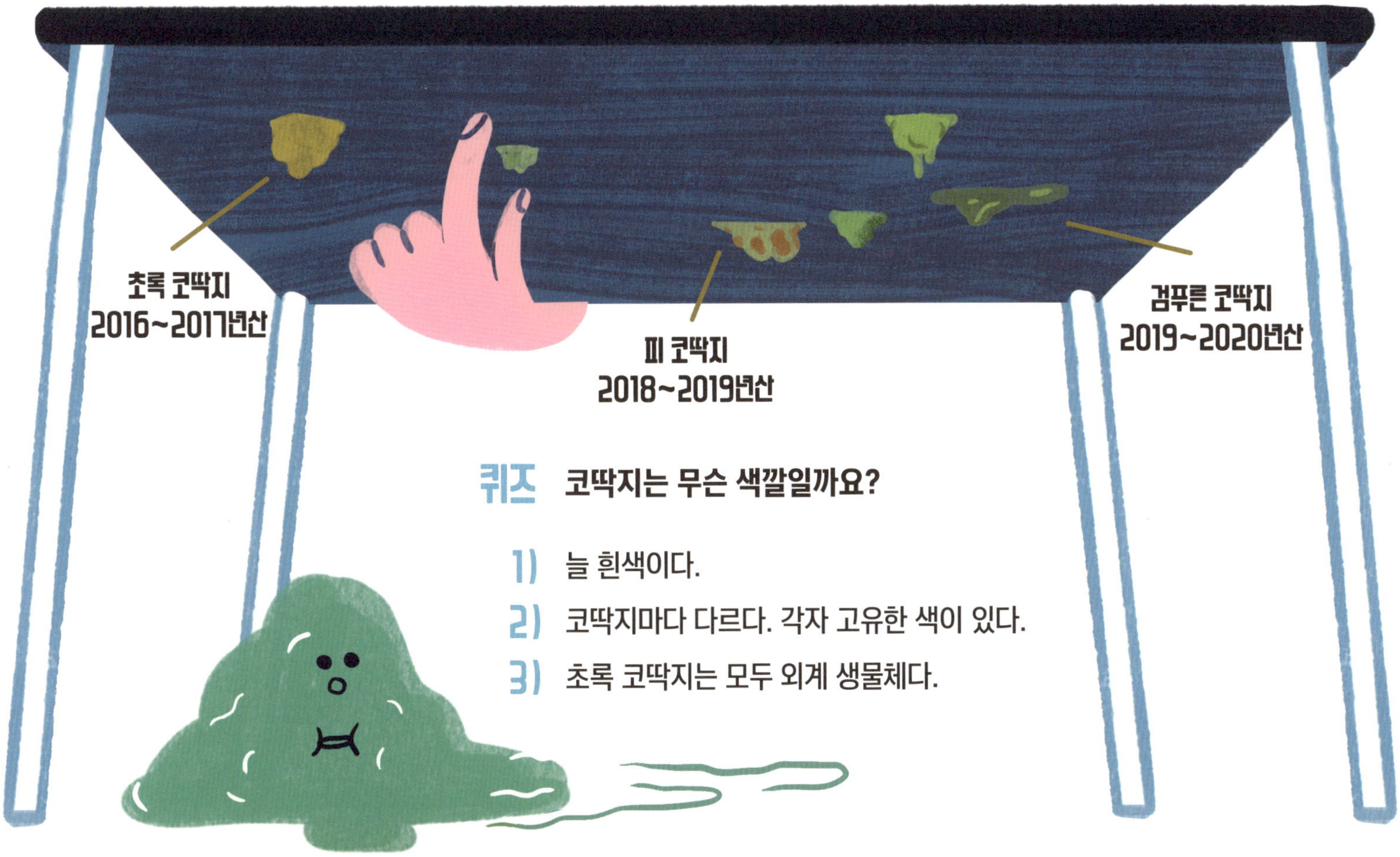

초록 코딱지
2016~2017년산

피 코딱지
2018~2019년산

검푸른 코딱지
2019~2020년산

퀴즈 코딱지는 무슨 색깔일까요?

1) 늘 흰색이다.
2) 코딱지마다 다르다. 각자 고유한 색이 있다.
3) 초록 코딱지는 모두 외계 생물체다.

질질 줄줄 흐르는 침

침은 입 안에 있는 여러 개의 침샘에서 만들어져요.

더운 날 아이스크림 트럭을 보면 눈에 보이지 않는 아이스크림 분자들이 눈으로 들어와요. 그리고 혀 뒤에 있는 침샘에 달라붙지요.

갑자기 아이스크림이 먹고 싶지요?

네에에에에에에에!

그러면 침샘에서 **수만 방울의 침을 내보내**
저 아이스크림을 당장 입으로 가져오라는 신호를 줘요.
우리는 용돈으로 달고 시원한 아이스크림을 사 먹어요.
그사이에도 침은 계속 분비되어 흔적을 남깁니다.

우리는 기분 좋은 일에만 침을 흘리지는 않아요.
온몸이 끈적거리는 외계인을 봤을 때처럼
징그럽고 고약한 것을 봤을 때도 침이 나온답니다.

뭐야? 이상해.

이 세상 생물이 아니야!

맛있는 음식을 보면 군침이 돌아요.
침은 **음식을 촉촉하게** 해서
소화에 도움을 주지요.

그럼 내가 씹어만 보고 줘도 될까?

아기가 일 년 동안 흘리는 침이 욕조를 가득 채울 만큼이라는 사실을 알고 있나요?

아기뿐만이 아니에요.

퀴즈

침으로 무엇을 할 수 있을까요?

1) 집을 지을 수 있다.
2) 얼굴을 닦을 수 있다.
3) 음식물을 섞을 수 있다.

동글 딱딱 귀지

선생님 말씀이 안 들린 적이 있나요?

원인은 여러 가지겠지요.
선생님 말씀이 재미없거나
귓속이 귀지로 가득하거나요.

뭐라고?

안 들려?

네, 그렇습니다.
우리 귓속에는
귀지를 만들어 내는 기관이 있어요.

귀지와 세균이 만나면 마르면서 공처럼 동그랗게 변해요. 이렇게 며칠에서 몇 주가 지나면 귀지 공은 점점 커져서 소리가 잘 안 들리게 될 수도 있지요.

오늘 왜 이렇게 조용하지?

다행히 병원에 가면 귀지 공을 빼낼 수 있어요.

연필로 귀지를 파면 **절대 안 돼요.** 그러다 진짜 큰 사고가 날 수도 있거든요.

이런 일이 생길 수도 있답니다.

내 귀지야. 멋있지?

나한테 왜 이래?

귀지를 빼고 나면 선생님 말씀도 잘 들리고 가장 친한 친구에게 보여 줄 수도 있지요.

퀴즈

귀지는 어디서 만들어지나요?

1) 꿀벌이 넣어 두고 간다.
2) 귀지샘에서 만들어진다.
3) 세균이 만든 것이다.

울렁울렁 메슥메슥 토사물

소나 말 같은 동물들은
먹은 것을 게운 뒤
다시 씹어 먹는 되새김질을 해요.
이런 동물을 **반추 동물**이라고 부른답니다.

우리 소들은 이런 식으로 소화를 시키지.

하지만 우리는 먹은 음식을 토해 낸 뒤 다시 먹지 않아요. 사람은 반추 동물이 아니니까요.

토사물은 위에서 **소화되지 않은 음식**이 입으로 되돌아가는 음식물 찌꺼기예요.

그러면 무엇 때문에 토하는 걸까요?

오, 그렇구나!

1 위벽을 자극하는 **미생물** 때문이지요.

우리 임무는 음식이 항문에 도달하는 것을 막는 것이다. 알겠나?

네, 장군님!

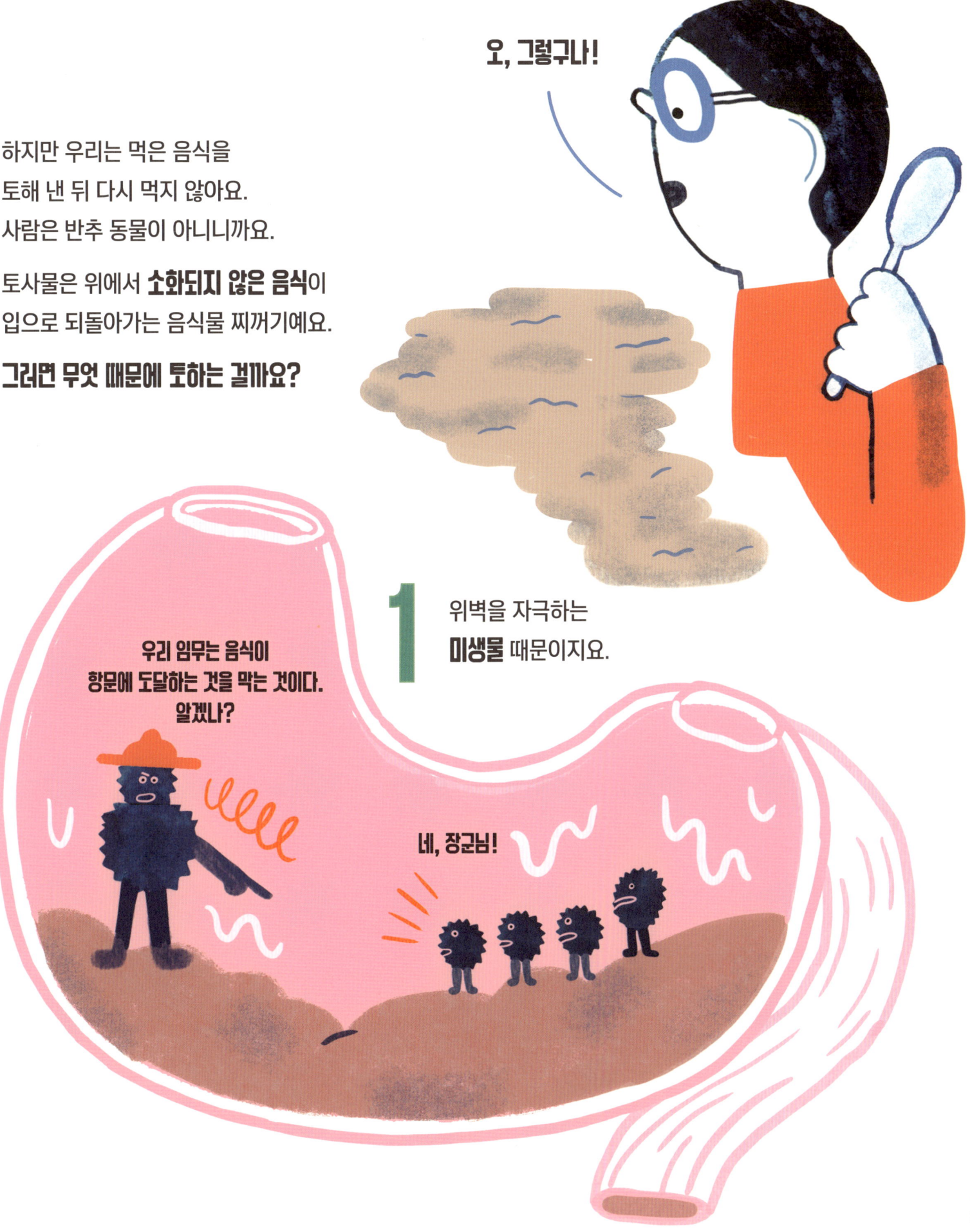

2 차를 타고 끝도 없이 이어지는 커브 길을 달리면 **멀미**가 나요. 이건 우리 몸의 평형을 담당하는 기관이 흔들리기 때문이에요.

비행기를 탔어야 했다고요.

머리가 어지럽고 속이 울렁거리는 **메스꺼움**은 몸이 우리에게 토하라고 신호를 보내는 거예요.

죄송합니다. 긴장해서 그랬어요.

넌 낙제야.

3 **긴장**하거나 스트레스를 많이 받으면 위장이 비정상적인 운동을 하기 때문이에요.

3주 동안 갈아 신지 않은 양말이야.

윽, 메스꺼워. 토할 거 같아.

토하는 것이 좋을 때도 있어요.
몸속 나쁜 미생물을 한 번에 몸 밖으로 내보낼 수 있으니까요.
그러고 나면 몸도 마음도 한결 개운해져요.

토하니까 훨씬 낫네.

퀴즈

고래의 토사물로 무엇을 만들 수 있을까요?

1) 케이크
2) 수분 크림과 향수
3) 고래 토사물 수프

고릿 콤콤 냄새나는 땀

땀 흘리고 나서 씻지 않았을 때
주위 사람들이 슬금슬금
뒤로 물러선 적이 있나요?

땀은 몸을 식히기 위해 스스로
배출하는 물이에요.
겨드랑이나 가슴 등에 나는 땀이
세균과 만나면 냄새 물질이 만들어지지요.

그래서 땀 흘린 사람은
냄새나는 사람이 되고 말아요.
땀 냄새 때문에 주위 사람들은 슬쩍 도망치고요.

**내 잘못이 아니라
땀 때문이야.**

여러분의 달라진 모습을 인정하지 않거나
이해하지 못하는 사람들도 있을 거예요.
하지만 실망하지 마세요.
행복은 모퉁이를 돌면 만나게 되어 있으니까요.

와, 향기로운 냄새!

나 오늘 샤워하고 향수도 뿌렸어.

퀴즈

왜 땀 냄새가 날까요?

1) 기르던 개가 몸에 똥을 쌌기 때문이다.
2) 개똥이 아니라 세균 똥 때문이다.
3) 땀이 아니라 그냥 물이라니까. 냄새 안 나.

떨까 말까 유혹적인 딱지

뮤지컬 〈딱지들〉

딱지들의 멋진 세계에 오신 것을 환영합니다.

상처가 생기면 피가 나요.
우리 몸은 더 이상 피가
나지 않게 재빨리 반응해요.
이것을 **혈액의 응고 작용**이라고 하지요.
딱지는 피가 굳은 거예요. 피가 계속 나거나
세균이 몸속으로 들어가지 않게 막아 준답니다.

딱지는 시간이 지나면 떨어져요.
상처가 다 나았다는 신호지요.

축구나 등산을 즐기는 사람과 핸드폰 게임을 즐기는 사람의
딱지 개수와 종류는 다를 수밖에 없어요.
각각의 딱지는 자부심 가득한 훈장이나 다름없지요.

왜 이렇게 단단한 거야?

수비하다가

자전거 브레이크를
밟다가 고꾸라져서

상대편 선수의
발에 걸려서

절벽에서 넘어져서

산딸기를 찾다가
가시덤불에 넘어져서

태클을 당해서

**사람들은 나를
최강 딱지라고 불렀단다.**

딱지는 좋은 기억과 나쁜 기억으로 가득한 세계예요.
좋은 추억으로 남기거나
어른이 되었을 때 자랑하려면
사진을 찍어 간직할 필요가 있지요.

딱지 팔아요!
작은 딱지는 오백 원,
큰 딱지는 천 원.

딱지가 있는 사람은
모험심이 가득하고 용감하며
길들여지지 않은 사람이라는 뜻이지요.
딱지는 당신을 좋아하는 사람은
물론이고, 딱지 떼는 걸
좋아하는 사람의 관심을 끌어요.

이 딱지는 2년 전에 생긴 건데
나는 딱지 떼는 걸 좋아해서
아직 상처가 아물지 않았어.

상처가 다 아물지 않았을 때 딱지를 떼면
다시 피가 나고 또 새로운 딱지가 생겨요.

딱지 뜯는 걸 못 참겠다면 무릎 절반을
붕대나 밴드로 감싸는 것도 방법이에요.

퀴즈

딱지는 어떻게 생겨난 걸까요?

1) 피가 굳어서
2) 용암이 굳어서
3) 진흙과 물이 굳어서

진득진득 성가신 눈곱

아침에 일어났을 때
눈에 눈곱이 낀 적이 있나요?

물론 있겠지요.
눈곱은 **눈에 낀 콧물** 같은 거예요.
푸른색이나 흰색일 때도 있고,
가끔은 검은색이기도 하지요.
우리가 잠을 잘 때 눈을 감는 부분인
눈꺼풀에 눈곱이 생기지요.
아침에 일어나서 세수하지 않으면
눈곱은 무척 성가신 존재가 된답니다.

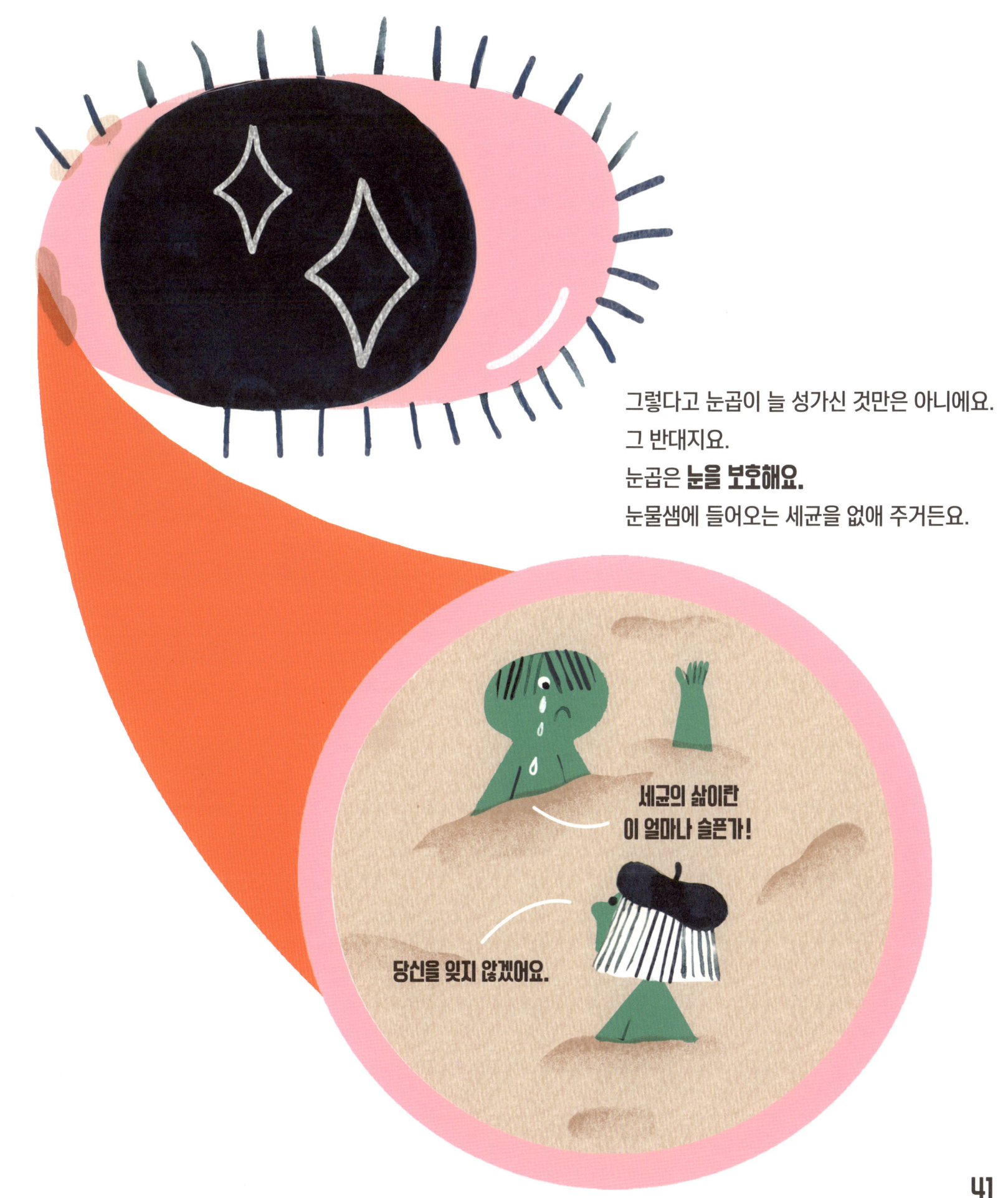

그렇다고 눈곱이 늘 성가신 것만은 아니에요.
그 반대지요.
눈곱은 눈을 보호해요.
눈물샘에 들어오는 세균을 없애 주거든요.

눈곱이 많이 끼었다는 건 병원에 가야 한다는 신호예요. 항생제나 다른 약을 처방받아서 빨리 치료해야 하지요.

선생님, 다 나으면 하프 연주를 할 수 있을까요?

얼마든지요.

다행이에요. 하프 연주는 제 버킷 리스트 중 하나거든요.

전통적으로 할머니들은 눈병이 나면 민간요법을 써요. **하지만 조심하세요.** 민간요법이 다 안전한 것은 아니거든요. 어떤 것은 아주 위험할 수도 있답니다.

퀴즈

눈병이 났을 때 쓰는 민간요법은 무엇일까요?

1) 손수건과 캐모마일차
2) 초콜릿을 묻힌 추로스
3) 칫솔과 치약

따끈따끈 갓 싼 오줌

오줌에 대해 이야기해 볼까요?
그다지 흥미로운 주제는 아니지만
사람을 포함한 모든 동물은
오줌을 누니까 짚고 넘어가지
않을 수 없지요.

오줌은 어떻게 만들어질까요?

1 피가 신장 동맥을 타고 콩팥까지 흘러가요.

2 콩팥은 피를 청소하고 남은 찌꺼기를 물과 함께 방광으로 내보내요.

3 방광이 반쯤 차면 오줌을 누라는 신호를 보내지요.

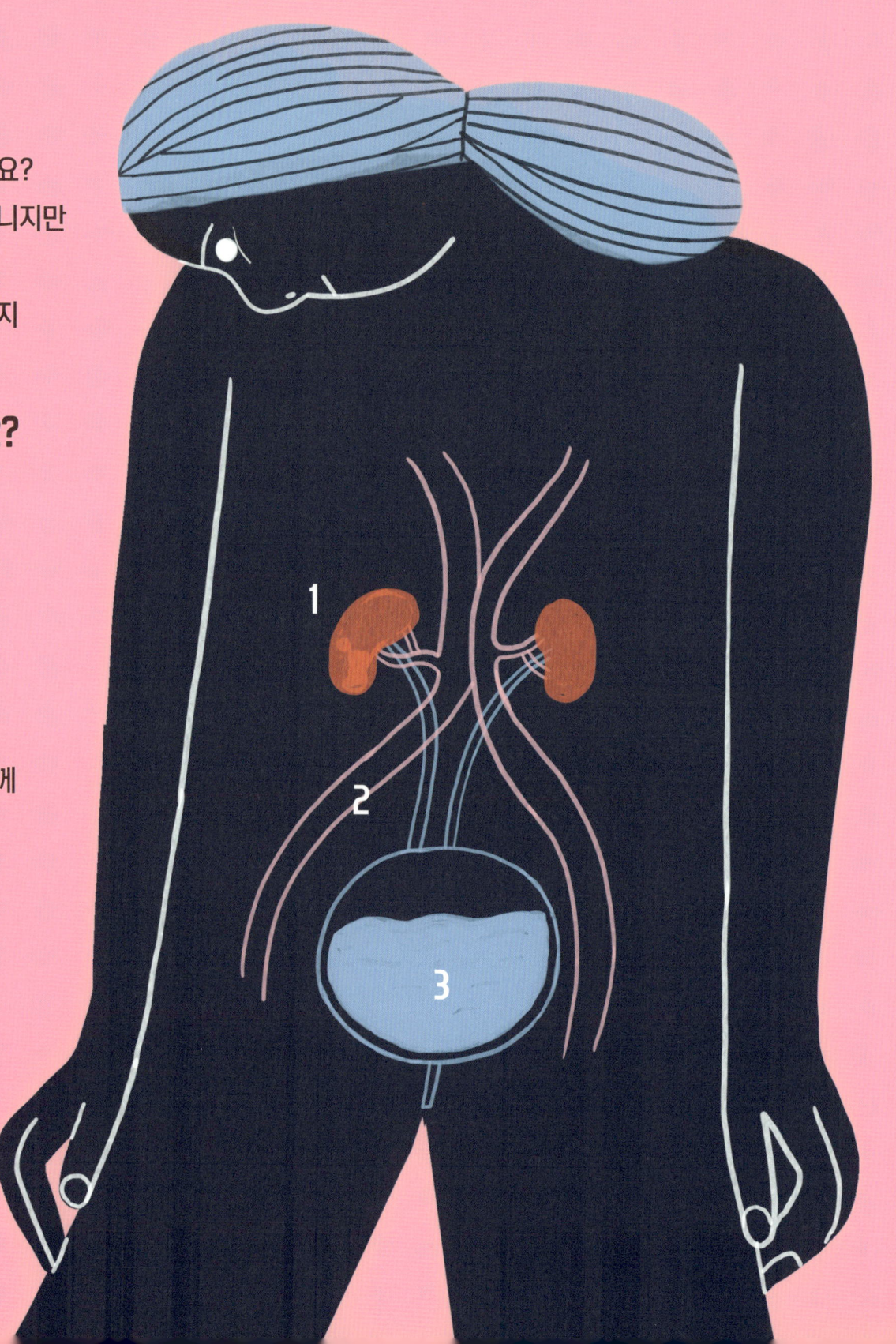

오줌을 잠깐 참는 것이 몸에 나쁜 영향을 미치지는 않아요. 하지만 자기도 모르게 실수하고 어찌할 바를 몰라 당황할 위험이 있지요.

대부분 이렇게 둘러대지요. 사실 엄청 티가 난답니다. 더 이상 참을 수 없는 지경이 되면 아무 데서나 오줌을 누고 싶어져요.

오줌 싼 게 아니라, 물 쏟은 거야.

여기라면 아무도 안 올 거야.

오줌에 대한 몇 가지 진실과 충고

· 수영장에서 소독약 냄새가 심하게 난다는 건 많은 사람이 몰래 오줌을 눴다는 증거예요. 그러니 소독약 냄새가 심한 수영장은 피하세요.

· 오줌 색이 투명하고 옅으면 몸속에 수분이 많다는 뜻이고, 어둡고 노란빛을 띠면 수분이 부족하다는 신호예요. 평범한 오줌은 샴페인처럼 맑은 노란색이지요.

이것 봐. 거품이 하나도 없어.

건강한 오줌이네.

바다에서 오줌을 누는 것이 꼭 나쁜 것만은 아니에요. 오히려 해양 생물에게는 좋을 수도 있지요. 고래 한 마리가 하루에 누는 오줌의 양은 약 260리터, 즉 커다란 생수병 130개만큼이나 되지만 작은 물고기들은 아무 문제없이 잘 산답니다.

퀴즈

추우면 왜 오줌이 더 마려울까요?

1) 오줌을 누면 손이 따뜻해지기 때문이다.
2) 겨울에는 오줌 색이 좋아져서 자꾸 확인하고 싶기 때문이다.
3) 땀을 덜 흘리기 때문이다.

퀴즈 정답

③ 들썩들썩 뿡뿡 방귀
기압이 낮아지면 방귀가 잦아져요.
비행기를 타고 높이 올라가면 기압이 떨어져요.
기체는 압력이 높은 곳에서 낮은 곳으로 이동하기 때문에
뱃속 기체가 밖으로 나오는 것이지요.

② 똥 밟았네, 똥!
기체가 많이 포함된 똥은 물에 뜨고
덜 포함된 똥은 물에 가라앉아요.

② 짭짤 쫀득 맛있는 콧물
콧물이나 코딱지는 원래 달걀흰자 같은 색이지만
먼지나 외부 물질과 만나면서 다른 색으로 변합니다.

1 2 3 질질 줄줄 흐르는 침
모두 정답이에요.
1) 사람들은 침으로 집을 짓지 않지만, 바위제비 같은
새들은 해초에 침을 섞어서 집을 짓는답니다.
2) 휴지에 침을 묻혀 입 주변을 닦아 본 적이 없다고요?
3) 침은 음식을 부드럽게 하여 소화를 도와줘요.

② 동글 딱딱 귀지
귀지는 귀지샘에서 나오는 액체가 굳어진 거예요.
귀지는 세균 감염과 소음으로부터 우리 몸을 보호하지요.

② 울렁울렁 메슥메슥 토사물
'용연향'이라고 불리는 고래의 토사물은
향수를 만드는 데 쓰여요.
지금은 향수를 합성 화합물로 만들지만
용연향은 여전히 비싸고 귀한 재료랍니다.

② 고릿 콤콤 냄새 나는 땀
땀은 99%의 물과 다른 성분으로 구성되어 있는데
땀이 나면서 피부에 있던 세균과 만나
고약한 냄새를 만들어 내요.

① 뗄까 말까 유혹적인 딱지
피가 마르면서 굳어져서 딱지가 되지요.
딱지는 상처를 보호해 줍니다.

① 진득진득 성가신 눈곱
캐모마일꽃에는 염증을 가라앉히는 성분이 있어요.
그렇지만 사람의 눈은 매우 예민한 기관이므로
눈에 이상이 있을 때는 반드시 병원에 가는 게 좋아요.

③ 따끈따끈 갓 싼 오줌
날씨가 추우면 우리는 땀을 덜 흘리게 돼요.
그러면 우리 몸은 남는 수분을
오줌으로 내보낸답니다.